Praise for...*Steady. Against the Absurd. Kinship at the Core*
Sans relâche. Contre l'absurde. Corps et âmes

This poem is an exquisitely beautiful work of art, created with deeply felt sorrow for the violence in "These Times" and suffused with an enormous love for the land, for water, and for all life. Passion and strength come through on every page…with every phrase. A book that deserves to be widely read.

~Billy Brown, host of *Fixed & Free* and editor/publisher of *Fixed and Free Quarterly*, New Mexico.

Rae Marie Taylor's latest poem is a marvelous, multilevel plunge into life, following a woman's oneiric trance as she walks through desert nights and floods, noting the beauty of nature and the self-destructive violence of human beings, yet always filled with hope, courage, and tenderness, even as she recalls the loss of members of her family. A symbol of modern women and their challenges, she strides forward, determined and wise, through time and chaos. Indeed, she first wanders through the American southwest and villages along the St. Lawrence, the two areas of North America that were colonized by countries other than Britain, in which the Indigenous presence is still strong. The poem's bilingual, or even trilingual, aspects reinforce its presence in cultures different from the dominant American, knitting together and underlining unique ways of life and the vast wild beauty they still contain.

~Hugh Hazelton, Montreal-based poet and translator, recipient of the 2016 Linda Garboriau Award for his work on behalf of literary translation in Canada.

Dans sa poésie sensible et humaine, Rae Marie Taylor—aussi performeuse, essayiste et artiste visuelle—fait une large place aux cultures et aux langues, aux liens premiers, voire spirituels, qui nous lient à la nature profonde, omniprésente. Son écriture directe et accessible, qui coule aussi doucement qu'un ruisseau oublié au milieu de la forêt, parvient à trouver les mots justes pour dénoncer l'absurde tout en étant porteuse d'un espoir plus nécessaire que jamais.

~Sebastián Ibarra Gutiérrez, auteur de *À terre ouverte,* directeur de la programmation du Cercle Gabriel-García-Márquez.

La marée danse avec la lumière, telle que Rae Marie danse avec les mots, un va-et-vient de langues où l'anglais et le français se reflètent. La poète nous conduit là où le rêve commence, en deça du langage, entre ciel et terre, à la frontière du monde des morts et celui des vivants. Cette époque de rupture, la nôtre, y rejoint toutes les autres.

La poésie de Rae Marie évoque quant à elle une communauté décimée et renaissante. Lorsqu'elle souligne l'injustice ou nomme l'absurde, c'est aussi pour révéler son contraire. La beauté des grands espaces, la liberté possible. Les parages de la douleur sont vastes. Le cœur se rétracte et se détend. Plus qu'une consolation, cette poésie est battement et respiration.

~Hélène Matte, est une poète tout terrain, artiste interdisciplinaire et travailleuse culturelle à Québec. Sa pratique de la performance et de la vidéo-poésie connaît une diffusion internationale.

STEADY. AGAINST THE ABSURD. KINSHIP AT THE CORE

SANS RELÂCHE. CONTRE L'ABSURDE. CORPS ET ÂMES

Traduit de l'anglais par Jean-Pierre Pelletier et Hélène Lépine

RAE MARIE TAYLOR

Wild Rising Press

EVERGREEN, COLORADO

Cover & Interior Illustrations: *Gifts From the Shore,* by Rae Marie Taylor
Editor: Judyth Hill
Book & Cover Design: Mary M. Meade

www.wildrisingpress.com
ISBN 978-1-957468-23-5—First Edition

For Josephine Reddin Taylor

Mother

who believed in her daughters

and

Anne Del Monte and Mary Hassouna

my sisters

—☙

À Josephine Reddin Taylor

notre mère

qui avait toujours confiance en ses filles

et

Anne Del Monte et Mary Hassouna

mes soeurs

CONTENTS

STEADY. AGAINST THE ABSURD. KINSHIP AT THE CORE

1

Sun has returned to the St. Lawrence
the tide dancing with light.

Je t'écris de Cap-Rouge

I've had to come here
to wade, awake, in these waters
in my embodied state

for I am inhabited by a dream,

inhabited by its depths and widths of water.

Écoute. Let me tell you.

I awake in a half sleep⠀⠀immobilized
la douleur au coeur
my heart swollen.

I rest in the deep and absolute quiet
waiting for my heart's release⠀⠀*j'attends que la douleur passe*

My belly is sore, I said at the time of the first Gulf War.
C'était la même douleur.

It's the same sorrow.

I turned, huddled for an instant, closer to you.
You were not there.

C'est la même douleur

This time.　For These Times

2

Elsewhere,
fine delicate drops   desert rain   fall
sage and grass   and dust   moist
awakened
a row of clouds rolls over the Jemez mountains
basalt still damp
darkly alive

The dream began at Jill's in the desert, just on the outskirts of Santa Fe. Leaving the house she built on an upward slope, I wave, say ciao, head into town on foot, alone; nonchalant. The road—dirt—slopes down gently. It's late dusk, dark really but not opaque.

I'm walking steadily when the narrow road flattens and there's sudden rain, puddling a few inches deep, then a foot high. I walk on, then, rising, the water is up to my knees, soon my thighs. I pull and squeeze my skirt up carrying the twist in my left hand. The water almost at my waist now, wide and deep. What is it? a lake? with no visible shore? What is it? the surface smooth, absolute black—beautiful—like the St. Lawrence just before the new moon.

Like last night when, marveling, I saw it, on my way back from Jean Claude and Céline's after our shared delight, all of us knowing though that Céline's death would come soon.

It is grief   *et l'amour.*

A woman is walking.

pas à pas   step by step   one step after the other   one tear after the other.

Is the water cold?   Does it resist?

She doesn't shiver   *Elle ne frisonne pas*

Elle est moi   *Elle n'est pas moi*   I am her, I am not her

In the dream I go on, she goes on, slowly through the deep water. calm. erect. unafraid. pushing through the depths (heavy now) flowing into the town.

There are no houses above the road.

Yes, it's her town road she's following. I recognize it. It slopes up again. No houses, but on either side, on both bare hills, a few rows of small   low   rectangular   white stone   walls

Scrutinizing them in the twilight, she walks,
her sure passage makes lonely long ripples
ruffling the dark expanse

It is grief!

Is this what they mean by the Valley of Tears? Mounting pools of sorrow in the ancient ocean
bed of this desert?
O sorrow   for the loss of my sister Peggy, released from our times together among the soft
piling of ancient rifts and deltas, now the arroyos and barrancas of our eroded land

flooded

with sorrow   Oh heart!
sorrow for Céline's parting   sorrow for Peggy's parting
sorrow
for the pain in the man I loved
submerged

Tout est visible dans l'aurore du crépuscule. Everything is visible in the dawn of twilight.

That Time, The First Time, at the first wave of a death, a man was walking beside her.

He loved her voice, her heart, her core. He courted her, the light of his love wholehearted,
intelligent, natural. Nourished, she opened, steadied. This, That Time strengthened her
courage, her ease. And widened the joy. shared. immense. brilliance above.
brilliance around.

He left her submerged in his own depths, losing himself between desire   and will   and fear, losing her, in his sudden surprising ambivalence.

That First Time she had not recognized the depth, the dark bleakness of that sorrow, only that of death. *Tout est visible.* The ripples rise up her thighs, not quite caressing her sex, she holds the twisted folds of her skirt, her thighs naked now in the water

on either bare hill, a gun. Guns.

4

This Time, she's alone.

She does not stumble on the stones below the surface of the black waters still lapping gently at her sex.

Steady, she moves, her body weeping from its core; her belly wasting her juices.

She keeps walking.

Elle est moi. Elle n'est pas moi. C'est la même douleur.

This Time

Tout est visible dans l'aurore du crépuscule: low white headstones gleam.

Elle n'est pas moi! She wears a large silk scarf.

Where, where do the waters come from? She asks.

Springs, and wells of sadness, I reply.

On the hills, the guns, not just here, the guns, a rain of bullets and the lies of These Times fall

Obscurity

here

where the night glows black after the rain. The light of the waters does not recede. A woman is walking, erect, unflinching through it. There is a yapping and stirring, a mourning of coyotes. A late moonrise. There are no houses above the flooded road, only row after row of small low vertical   white   smooth   gravestones   stones, behind them people, they are men, yes, men, roll to hide, to touch ground or lay low as gun shots scatter   muffled

Silent in the night she sees   *tout est visible*   My heart drops liquid, mercurial sorrow

moving   the waters   quicken   revealing

other waves of death, known
and unknown

Elle est moi. Elle n'est pas moi.
She is with me, She is not me.
Elle marche. à côté de moi
side by side

5

Where are the wells? She asks.

Beyond   the dark mass of waters slowly shifts, receding like the St. Lawrence at low tide
when the shoreline reveals golden grasses and tidal pools bathed in blue limpid light, but here
blood red ripples pile into waves at the foot of a mountain

Gather your heart! She pleads
Ramasse ton coeur. Ramasse ton coeur!
Gather its aching beauty. Tender, full, sad,
wrap it in new skin
place it whole
behind your sternum.
You know the joy. Walk. Rise, Stand, again.

Remove the blows of men's disloyalty
from your belly, from your heart.

Two women walk

Anat d'Israel says, Dance, dance, I tell her.
We can't dance, She says, her own heart near drowning. The water is too high.

It is grief. It is knowing, I say.

Knowing what? She asks, impatient.

This, I say, pointing to the gravestones, the flooded valley, its glowing width of rose-colored waters

Come! Come walk with me! She calls, urgently, stumbling onto the hill, leaving the bloodied expanse

determined

6

Believe, believe with me! She intones.

We carry the web, the trembling web of others' joy in our belly, we love them so!

And from this valley we carry the brilliant beauty, the soft rain, the warm earth, the knowledge of death and its tenderness, the loss of living memory and the terrible, ferocious effort to stay alive, to stay intact.

We are never alone in this! *C'est le même amour!*
Believe with me!
Rock, Soothe, Sway, She consoles. Remember!!

How? I ask.
But then, Ah!
I remember, one time, I said, in a garden courtyard, the first petals of the Hellebores quickened me, one sensual breath of them entered my flesh beneath my skin,
the first leaves shielding their dappled white flowers
hanging, full and round
facing the ground

the ground
where the water rises from those springs.

Where there are the wells? She says, wise.
Does the flood water rise from springs then? She asks, struggling up through the cactus, the dry brush and prickly pear.

Elle est moi, elle n'est pas moi. Nous cherchons des puits. We are searching for wells.
I am her, I am not her. She is Ariane. She is Antigone.
Elle n'est pas moi, Elle est moi.

Tout est visible. Everything is visible in the light of the dark.
Everything is visible in these desperate times,
These Times

Elles marchent.

7

She moves closer knowing now the bloodied, bludgeoned night.
She is me. I am her.
Nous marchons. We walk above the black lake of the world's grief.
Curious, drawn,
She moves closer to the guns, the bombs, the genocide. She wants to know,
to understand.

But if She knows, how can She live with the knowledge, hearing it ring in her head   her mind
her heart?

Dance, dance!
Defiant, She will not be Antigone.
We must dance for the sorrow   sing for the moving
sorrow
for women murdered and women detained, in other deserts and valleys.
Elles sont nous, They are not us. *Elles ne sont pas nous.* They are us
carried in our heart
with sorrow too for the pain in the men we love
submerged
sorrow   aching   *douleur   douleur*   sorrow   for the violence   the violence   aching ravaging
the children   threatening the soldiers   killing!!
Aghh! the knives, the guns   the vans   killing one here   hundreds there   terrifying!
terrifying people, peoples   yes   the world's peoples. Oh! the Wrongs. the Horrors.
La Bêtise!

These times!! She chokes, her throat strangled, voice muted, her scarf wrapped, close comfort around her belly.

Rocking, swaying
She moves, we move closer
to the thoughts of
Mahmoud Darwish, Lee Maracle, George Seferis, Alanis Obomsawin,
Berta Caceres murdered, Salvador Madrid, living
and the horrors painted by Sorj Chalandon, who also says,
"a light brighter than blindness makes violence lighter, so I can carry it toward a hope, toward a voice held up by their action, their daily courage…their sharing the chaos of the world in their country…"

8

There is no more America, *"Il n'y a plus d'Amérique,"* Brel chants.
I hum, hum and hum, I don't want it to be true!

She stands in These fragmented Times
This broken Time

I tell her now, Yes. We will gather the strength of our embattled hearts. Together.
Elle est moi. Elle n'est pas moi. Nous sommes elles. They are us. We are walking.
Steady. Kinship at the core

9

So is this how the New Year begins? Our hearts released in snow
and freezing mountain air, beautiful rifts in the valley below
the black grace of night sky above
the Milky Way tumbling down on our horizon
sacred space, sacred place, holy land

we walk   below the black brilliance

On the path
among the stones,
one man is not buried.
We crouch around him on the parched earth, holding our hearts.

Is there a spring? She asks.
He does not need water now! I say.
Who killed him? She wonders

The wars.

Sun rumples the pink clouds over the mountain,
glows on it before appearing.
Ravens crackle, floating in the silence

We see things differently, in instants of clear beauty here.
There are no words, only the sheath of snow on the peak,
its melt greening our path.

In the daylight we gather seeds, leaves, pollen and sand to scatter, gently, on the dead brother.
We sing   moan   dance   sway   rock, softly
the water lapping somewhere below.

Further on one man is standing. Alive.
He is them. He is not us.
He carries a weighted heart
and asks for water.

We are looking for wells, we say.
Come with us.

10

Look, below us, he urges.
It is his village.
We see the first shape of ruins, much rubble, a prison,
sheep wandering

There! There is a well! She says excitedly.
Where are the women?! We could meet them there!

We imprisoned them, he replies, remorseful, poets and mothers with convictions
and strong voices.

Eyeing him, quietly, She asks, What did you do?
Nothing. I stood, devastated, and watched, he grieves,
I stood and watched.

Oh! She moans, These Times!
Such a betrayal! She exclaims, aghast.
Yes, he confesses, chastened. shoulders hunched   head bowed   ashamed

C'est la même douleur.

Together two women and one man walk

alert, invisible
eyes opened
hearts awake

their steps laden with knowledge
weaving softly among other graves dug high in the alpine meadows

11

A pair of hawks rises from a narrowleaf cottonwood

Thoughts
are like hawks, She muses,
somehow always cast in light   soaring
appearing unexpectedly in unknown spaces
awakening
the air
the mind
and the thought of blessings.

Over here! I cry. A crater lake   sapphire   shimmers just above.
Come, with me, Come, up! over here!

Their feet gather moss as they approach the shore, strewn with aster,
tiny wild orchids   silver logs

step by step, they enter the crystal waters
one after the other
they bathe
chilled by the glacier spring feeding the lake
cleansing
cleansing grief   cleansing knowledge   cleansing each other.

In the dry fresh air, they rest on the logs

soon they move down the slope among the yarrow
toward the dustier   disturbed   earth
nearing the village

surefooted

12

Look! Three sheep are resting at the well.
What are they doing! She asks. Are they hoping for water too?
Waiting, he responds. They are waiting for the women, their shepherdesses.

They are your women. It is your village.
What will you do now?

I will free them, he rasps,
as he disappears, steady, through the rubble.

Two women stand. Erect. Unflinching. Waiting by the well
her scarf   loosened   flutters light green in the breeze

Is it possible? She asks.
Remember. I say, Believe with me.
We drink
and offer water to the sheep.

Lonely ripples gather into waves in the valley beyond
The day wanes   the new moon rises   radiant

13

Bird song has returned to my ears. the purest white of a fallen magnolia
petal
marks the path
cupped
rekindling wonder
like a seashell, open   held   sounding far away seas

echoing voices
on a disturbed path

She and I see the women, walking
pas a pas, one after the other,
elles marchent
gathering   murmuring   Is that a song they sing?
here at their well
greeting and watering their sheep

We wait. We see
Dignity Pain Courage Love   and Defiance
inscribed
on their faces
knowing, not having forgotten the   low   white   headstones

bodies bent with visible sorrow   *une qui boîte*   another, an elder,
carried tenderly
their own names intact

Elles sont nous   We stand.   You are us   We are each other   *Elles se regardent.*
They, We gaze into each other's eyes   We see each other
Elles se reconnaissent   We greet each other   *Nous nous reconnaissons*

A youthful woman pulls up the bucket from the well
fills the cup, offers it to one, then another, then another, one after the other
We drink.   Water
each fresh cup passed by hands alive with the careful touch for hope

14

We hum   together

Carefully, stiffly, the elder woman among us settles on the dusty earth.

Oui. she intones, *Je suis vous.* I am you. *Je ne suis pas d'ici,*
I am not from here.

Speak to us then! My friend exclaims, eager, loosening her belly's silk scarf.

Tell us of your shore
of the city
of the town   of other lives
of love and courage
of the honk of the geese and the braying or silence of the sheep
on the hill
of art?
of men!

Speak to us of your shore!

It is a place of seagulls alighting, begins the elder, alighting on the swells of the incoming tide,

a world of hurricanes to weather
of beauty in walls of rock coal deep from peat and time
and rose sediment.
I would like to go back there
but I cannot walk so far,

and our children are gone.

Have they been taken? We ask.
They have been taken, she nods.

A younger voice rises
I will walk for you.

15

Je suis vous. Je suis nous.
I am you. I am us
I will speak to you of my story, here.

C'est ici, mais ce n'est pas ici,
It is here, but not here
               not just here. You will know.

The guns came and killed our husbands amidst our wailing.

Guns came and stole our daughters, rode away on our horses and left us
to waste
imprisoned.

I am a child of this disheveled village, like him.
He is not us, that one man there hovering behind the wall.
He is not them.
But you two know, you have walked with him,
he has played his role
and released us from that prison, those walls,
still standing.
He is kin now.
We must call him out of the *décombres.*

Come to the well, we give you water. Take this cup. Drink.
A raspy voice acquiesces, a man rises. Stands.
The women watch, silent.

The girl continues,
Within those walls our humor was fierce; we sang, together, we believed. We called out our names to each other, weak or vibrant. To stay alive.

Before the guns, we welcomed strangers in our midst here. This mountain town was a refuge. The elder, the desert girl, the shamed man. They are us.
Time after time

In the prison I remembered
that while I would shepherd our animals in the pastures above our village, I observed lichen on oak trees and bark. They speak to us of our air and the seasons of water.
On the rocks they are often mixed with moss.

16

What makes moss moss? And lichen lichen?
I have heard stories of caribou who must eat lichen during a snowy winter.
I want to know more of lichen in other places. Are they always there?
Is there desert lichen?

She and I have been listening. The town's woman turns to us.
You are strangers, you are welcome.
Glad, believing, my friend pulls the soft green scarf around her shoulders.
The cool evening is lightly falling.

A grieving voice echoes
I too am us. *Je suis nous.*
I am not from here.

My story is of the desert place
where we cherished the molted skin of the rattlesnake
transparent
where I learned to know the shape of ancient seabeds
the mystery of parched rock
the safety of the next barranca
the century-old seeds in the alcoves
the cliff sweating with blue desert
                              varnish
and the careful quenching of thirst.

We had our orchards in the desert   prune and peach blossoms blooming
from our careful pruning
and hunger
but they were burned and torn asunder by soldiers

then the floods came

17

They walked, side by side   the women   *elles marchaient*   *les femmes*
their steps invisible   in the water
shaping the sands

femmes women   lovers   thinkers   fighters   friends   companions
Kin.
who grieve   *qui s'endeuillent*
who mean to be peacemakers
who stand alert
qui marchent
walking steady
femmes qui voient
women who see
who see
qui voient
who hunt and gather
food
qui reprennent leur coeur
who take heart   and courage
who sing!

one man among them now, speaking
Yes, we had horses here in the village. Not all of them are lost, he reveals.
Some escaped.

To the elder he turns, I will find you a horse to carry you home.

One horse, one man, one young woman are walking. Steady.
Joyful, determined, I stride beside them.

Dear heart, behind my wounded breast, I gather your strength,
I carry your beauty as we go.

Everything is visible in the light of the dark. The elder's voice rises as she dreams, swaying to the rhythm of her mount. She wonders at seeing the seagulls alighting on the incoming tide. How do they float so lightly? Undisturbed on the powerful mass of tidewater!

We walk *sans relâche.* It is the same sorrow. It is the same hunger, laden with beauty.
This time, again.   For These Times

SANS RELÂCHE. CONTRE L'ABSURDE. CORPS ET ÂMES

1

Le soleil est revenu sur le Saint-Laurent
la marée se plaît à danser avec la lumière.

I'm writing you from Cap-Rouge

Il m'a fallu venir patauger, ici, éveillée, dans ces eaux
dans mon être de chair
parce que je suis habitée
par un rêve
que j'ai fait

habitée par la profondeur et l'étendue de ses eaux.

Let me tell you. Laisse-moi te raconter.

Je me réveille à moitié endormie   immobilisée
la douleur au cœur
my heart swollen.

Je me repose dans le calme
absolu et profond
j'attends que mon cœur se libère   que la douleur passe

My belly is sore, ai-je dit au moment de la première guerre du Golfe.
C'était la même douleur.

It's the same sorrow.

Je me suis retournée pour me blottir un bref instant tout contre toi.
Tu n'étais pas là.

C'est la même douleur.

Cette fois.   Pour cette époque

2

Ailleurs,
fines gouttes, délicates une pluie du désert tombe
sauge et herbe   et poussière   humides
en éveil
une suite de nuages glisse au-dessus des monts Jemez
le basalte encore mouillé
grenat foncé   en vie

Le rêve a commencé chez Jill, dans le désert, juste à la périphérie de Santa Fe. En quittant la maison qu'elle a construite sur la pente d'une colline, je lui fais signe de la main, lui dis *ciao* et me dirige à pied vers la ville, seule, insouciante. La route – en terre – descend tout doucement. C'est la tombée de la nuit, tardive, noire à vrai dire, mais pas vraiment opaque.

Je marche d'un pas assuré lorsque la route étroite s'aplatit soudain, et une averse débute, formant une flaque de quelques pouces de profondeur, puis d'un pied de haut. Je continue à marcher, l'eau monte, arrive à la hauteur de mes genoux, et, bientôt, jusqu'à mes cuisses. Je remonte ma jupe que j'entortille dans ma main gauche. L'eau, profonde, plus étendue, arrive presqu'à ma taille maintenant. Qu'est-ce que ça peut bien être ? Un lac ? Sans rive visible ? Mais qu'est-ce que c'est ? La surface lisse, d'un noir absolu – et belle – comme le Saint-Laurent peu avant la nouvelle lune.

Comme hier soir quand, émerveillée, je l'ai aperçue en revenant de chez Jean-Claude et Céline, après notre bonheur partagé, malgré le fait que nous savions tous que la mort de Céline viendrait sous peu.

It is grief   et l'amour.

Une femme marche.
pas à pas   *step by step*   un pas après l'autre   une larme après l'autre.
L'eau est-elle froide ?   Résiste-t-elle ?
She doesn't shiver   Elle ne frissonne pas
Elle est moi   Elle n'est pas moi   *I am her, I am not her*

Dans le rêve je continue, elle continue, au ralenti, calme. droite. dans les eaux profondes, sans crainte à travers les profondeurs (denses désormais) s'écoulant vers la ville.

Il n'y a aucune maison en amont de la route.
Oui, c'est la route de sa ville qu'elle suit. Je la reconnais. Elle monte à nouveau. Pas de maison ; mais sur chacun des versants, sur chacune des collines nues, quelques rangs   de pierres petites   basses   blanches   rectangulaires   des murs

3

elle marche, les scrute dans le crépuscule,
son passage assuré produit de longues ondulations isolées
troublant la sombre étendue

Oui, c'est vrai, c'est le deuil !

Est-ce là ce qu'on entend par la vallée des Larmes ? Des marées montantes de tristesse dans
l'ancien lit de l'océan de ce désert ?
Ô larmes   pour la perte de ma sœur Peggy, libérée de nos jours vécus ensemble avec la douce
accumulation de rifts et de deltas anciens, à présent les *arroyos*[1] et *barrancas*[2] de notre terre
érodée

inondée

de tristesse   Ô cœur !
tristesse pour le départ de Céline   *sorrow* pour le départ de Peggy
larmes
pour la douleur de l'homme que j'aimais
submergé

Everything is visible in the dawn of twilight. Tout est visible dans l'aurore du crépuscule.

La fois, la première fois, dès le premier signe d'une mort, un homme marchait à ses côtés.

Il aimait sa voix, son cœur, son âme. Il lui faisait la cour, la lumière de son amour entier,
intelligent, naturel. Nourrie, elle s'est épanouie, calmée.

Cette fois, cela a raffermi son courage, sa quiétude. Et accru sa joie.   partagée.   immense.
splendeur au-dessus.   splendeur tout autour.

Il la quitte

submergé

dans ses profondeurs à lui où il se perd lui-même entre désir   volonté   et crainte, il la perd
dans son ambivalence soudaine   inattendue   surprenante.

Cette première fois, elle n'avait pas compris la profondeur, la noire désolation de cette tristesse,
seulement celle de la mort. Tout est visible. Les ruissellements s'élèvent jusqu'à ses cuisses, ne
caressent pas tout à fait son sexe, elle tient les plis entortillés de sa jupe, les cuisses à présent
dénudées dans l'eau

sur chaque colline à nu, un fusil. Guns.

4

Cette fois, elle est seule.

Elle ne trébuche pas contre les pierres se trouvant sous la surface des eaux noires qui continuent à lui lécher son sexe.

Elle se déplace, d'un pas décidé, le corps en pleurs, le ventre en perte de ses fluides.

Elle continue de marcher.

Elle est moi. Elle n'est pas moi. *It's the same sorrow.*

Cette fois

Tout est visible dans l'aurore du crépuscule : les petites stèles blanches luisent.

ELLE n'est pas moi. ELLE porte une grande écharpe en soie.

D'où viennent ces eaux ? ELLE demande.

Where do the waters come from?

De sources, et de puits de souffrance, dis-je.

Sur les collines, les armes à feu, pas qu'ici, *guns*, une pluie de balles et de mensonges de cette époque tombe

Obscurité

ici

où la nuit brille, noire après la pluie. La lumière des eaux ne se retire pas. Une femme marche, droite, sans fléchir. Il y a le jappement, le remuement, la plainte de coyotes en deuil. Un lever de lune tardif. Il n'y a aucune maison en amont des routes inondées, qu'une longue suite de pierres verticales   blanches   lisses   de pierres, pierres tombales, derrière lesquelles des gens, des hommes, oui, des hommes, se recroquevillent, au sol, se planquent alors que les coups de feu se dispersent   étouffés

En silence dans la nuit, elle voit   *everything is visible*   De mon cœur s'échappe une tristesse liquide, de vif-argent

en mouvement   les eaux   se précipitent   dévoilant

d'autres vagues de la mort, connue

et inconnue.

She is with me, She is not me.
ELLE est moi. ELLE n'est pas moi
ELLE marche, à côté de moi
side by side

5

ELLE demande : Où sont les puits ?

Plus loin   la masse sombre des eaux se déplace avec lenteur, se retirant comme le Saint-Laurent à marée basse quand la grève dévoile des herbes dorées et des mares résiduelles baignées d'une lumière bleue limpide, mais là : des ruissellements rouge sang s'empilent au pied d'une montagne

Gather your heart! ELLE supplie.
Ramasse ton cœur. Ramasse ton cœur !
Gather its aching beauty. Tendre, entière, triste
enveloppe-la d'une peau neuve
place-la tout entière
derrière ton sternum.
Tu connais la joie. Va, marche, lève-toi. Résiste, de nouveau.

Extirpe de ton ventre, de ton cœur
la déloyauté des hommes.

Deux femmes avancent

Anat d'Israël dit : Danse, danse ! lui dis-je.
Nous ne pouvons danser, ELLE dit, son propre cœur presque noyé. L'eau est trop haute.

C'est le deuil. Tu dois le savoir, dis-je

Savoir quoi ? ELLE demande, impatiente.

Ceci, dis-je, indiquant d'un geste les pierres tombales, la vallée inondée, son étendue scintillante d'eaux roses.

Viens ! Viens marcher avec moi ! ELLE m'invite, de façon pressante, trébuchant vers la colline, délaissant l'étendue ensanglantée

déterminée

6

ELLE entonne : Crois, crois avec moi !

Nous portons la toile, la toile frémissante de la joie des autres, dans notre ventre, nous les aimons tant !

Et depuis cette vallée, nous portons la brillante beauté, la douce pluie, la terre chaude, la connaissance de la mort et de la tendresse qu'elle éveille, la perte de la mémoire vivante et l'effort terrible, forcené, de rester en vie, de rester
intactes.

We are never alone in this! C'est le même amour !
Believe with me.
Berçons-nous, apaisons-nous, ELLE me rassure. Berçons-nous.
Souviens-toi !!

Comment ? je demande.
Puis… Ah !
Je me souviens, une fois, dis-je, dans la cour d'un jardin, les premiers pétales de l'hellébore m'ont réanimée, un seul souffle sensuel qui en émanait a pénétré la chair sous ma peau,
les premières feuilles protégeant leurs fleurs blanches tachetées
suspendues, pleinement épanouies
surplombant le sol

le sol
où l'eau renaît de ces sources.

Là où il y a les puits ? ELLE le dit, avec sagesse.

L'eau de l'inondation renaît alors des sources ? ELLE le demande, se débattant à travers les cactus, les broussailles desséchées et les figues de Barbarie.

I am her, I am not her. Nous cherchons des puits. *We are searching for wells.*

ELLE est Ariane. ELLE est Antigone.

ELLE n'est pas moi. ELLE est moi.

Tout est visible. *Everything is visible in the light of the dark.*

Tout est visible en cette époque désespérée

These Times

Elles marchent.

7

ELLE s'approche, maintenant consciente de la nuit sanglante.
She is me. I am Her. We walk.
Nous marchons au-dessus du lac noir des deuils du monde.
Curieuse, attirée,
ELLE s'approche des fusils, des bombes, du génocide. ELLE veut savoir, comprendre.

Mais si ELLE le sait, comment peut-ELLE vivre avec l'idée, le tintement qui résonne
dans sa tête   dans son esprit   dans son cœur ?

Danse, danse !
Par défi, ELLE ne sera pas Antigone.
Nous devons danser pour la douleur   chanter pour la tristesse qui bouleverse
pour les femmes assassinées et les femmes emprisonnées dans d'autres déserts,
dans d'autres vallées
Elles sont nous. *They are not us.* Elles ne sont pas nous. *They are us*
portées dans nos cœurs
chanter aussi pour la douleur chez les hommes que nous aimons
submergés

sorrow   le mal   douleur   douleur   *aching sorrow* à cause de la violence   le mal
qui ravage les enfants   menace les soldats   qui tue !
Aghh ! les couteaux, les fusils   les fourgons   en tuer un ici   des centaines là-bas   c'est
terrifiant ! Faire peur aux gens, aux peuples   oui   les peuples du monde, Ô ! les injustices ! *the
Horror*s. La Bêtise !

Cette époque!! ELLE étouffe, la gorge nouée, la voix devenue muette, l'écharpe, un réconfort, enroulée autour de son ventre.

ELLE se berce, nous nous balançons

ELLE se déplace, nous nous rapprochons
des pensées
de Mahmoud Darwich, Lee Maracle, Georges Séféris,
Alanis Obomsawin, Berta Cáceres assassinée, Salvador Madrid, toujours en vie
et toutes les horreurs décrites par Sorj Chalandon qui affirme aussi :
« Une lumière plus forte que la cécité [...] rend la violence plus légère, pour que je puisse la porter vers un espoir, vers une voie soutenue par leurs démarches, leur courage au quotidien [...] leur partage de la folie du monde dans leur pays.»

8

There is no more America, « Il n'y a plus d'Amérique », chante Brel.
Je fredonne, fredonne et fredonne encore, je ne veux pas que ce soit vrai !

ELLE se tient debout dans *cette époque* fragmentée
Cette époque de rupture

À mon tour de lui dire : Oui, nous rassemblerons la force de nos cœurs assiégés.
Ensemble. ELLE est moi. ELLE n'est pas moi. Nous sommes elles. *They are us*.
Nous marchons. D'un pas assuré. L'âme chevillée au corps

Nous traçons des méandres à travers les pierres   de marbre   blanc   qui miroite
des noms gravés   sondant la mémoire

9

Alors est-ce ainsi que commence le Nouvel An ? Nos cœurs libérés dans la neige
et l'air glacial de la montagne, en bas, dans la vallée, de magnifiques rifts
la sombre grâce du ciel nocturne au-dessus
la Voie lactée qui déboule sur notre horizon
espace sacré, lieu sacré, terre sacrée

nous marchons   au-dessous de l'éclat obscur

Sur le sentier
parmi les pierres,
un seul homme n'est pas enterré.
Nous nous accroupissons autour de lui, sur la terre aride, la main sur le cœur.

ELLE demande : Y a-t-il une source ?
Il n'a plus besoin d'eau maintenant, dis-je.
Qui l'a tué ?

Les guerres.

Le soleil chiffonne les nuages roses au-dessus de la montagne,
la recouvre de rayons avant d'apparaître.
Les corbeaux croassent, flottent dans le silence

Ici, nous percevons les choses autrement, dans des moments d'une claire beauté.
Il n'y a pas de mots ; seule une robe de neige recouvre le sommet,
sa fonte reverdit notre sentier.

Le jour venu, nous ramassons les graines, les feuilles, le pollen et le sable pour les répandre, délicatement, sur le frère mort.
Nous chantons   gémissons   dansons   nous nous balançons
l'eau clapote doucement quelque part, en bas.

Plus loin, un autre homme se tient debout. Vivant.
Il est eux. Il n'est pas nous. Il porte le poids de son cœur
et demande de l'eau.

Nous cherchons des puits, lui répondons-nous.
Venez avec nous.

10

Regardez au-dessous de nous, nous exhorte-t-il.
C'est son village.
Nous apercevons d'abord des ruines, beaucoup de décombres, une prison
et des moutons qui se promènent

Enthousiaste, ELLE dit : Là ! Là, il y a un puits !
Où sont les femmes ?! On pourrait les rencontrer !

On les a mises en prison, répond-il, contrit, des poètes et des mères convaincues, des voix
fortes.

ELLE le regarde, calme, le dévisage, demande : Et vous, qu'avez-vous fait ?
Rien. Je restais là, dévasté, à regarder, dit-il, peiné.
Je restais là. Je regardais.

Oh ! ELLE gémit : Quelle époque !
Horrifiée, ELLE s'exclame : Une telle trahison !
Oui, avoue-t-il, affligé   épaules voûtées   tête inclinée   honteux

It's the same sorrow.

Ensemble, deux femmes et un homme marchent

attentifs, invisibles
yeux ouverts
cœurs en éveil

leurs pas portent le poids de la conscience

serpentent en douceur parmi d'autres tombes, en haut dans les alpages

11

Un couple de buses s'envole d'un peuplier à feuilles étroites

Les pensées.
Songeuse, ELLE dit: les pensées sont comme les faucons,
d'une façon ou d'une autre, elles jettent toujours un éclairage   s'élèvent
apparaissent de manière inattendue dans des espaces inconnus
réveillent
l'air
l'esprit
et l'idée de bénédictions.

Ici ! dis-je en criant. Un lac de cratère   saphir   scintille juste au-dessus.
Venez avec moi, venez, plus haut, ici !

Leurs pieds ramassent la mousse alors qu'ils s'approchent de la rive, jonchée d'asters,
de toutes petites orchidées sauvages   de bûches   de bouleau argenté

pas à pas, *step by step*, ils entrent dans les eaux cristallines,
l'un après l'autre
se baignent
rafraîchis par la source du glacier, qui alimente le lac
purifient
la douleur   la connaissance   se purifiant l'un l'autre.

Apaisés, assis sur des bûches, dans l'air frais et sec, ils se reposent

bientôt ils descendent la pente, parmi les millefeuilles
en direction de la terre   plus poussiéreuse   perturbée
s'approchant du village

d'un pas ferme

12

Regardez ! Trois moutons se reposent près du puits.
ELLE demande: Qu'est-ce qu'ils font !? Ils espèrent aussi avoir de l'eau ?
Ils attendent, répond-il. Ils attendent les femmes, leurs bergères.

Ce sont vos femmes. C'est votre village.
Qu'est-ce que vous allez faire maintenant ?

Je vais les libérer, dit-il d'une voix rauque,
alors qu'il disparaît, d'un pas assuré, parmi les décombres.

Deux femmes debout. Droites. Inébranlables. Attendent près du puits
l'écharpe verte claire   dénouée   flotte dans la brise

Est-ce que c'est possible ? ELLE doute.
Rappelle-toi, dis-je. Crois avec moi.
Nous buvons
et offrons à boire aux moutons.

Des ondulations isolées se ramassent en vagues dans la vallée en contrebas
Le jour décline   la nouvelle lune se lève   radieuse

13

À nouveau, un chant d'oiseau à mes oreilles
au sol   le blanc pur d'un pétale de fleur de magnolia
balise le chemin
coupe offerte
qui ravive l'émerveillement
tel un coquillage   dans la paume d'une main
d'où résonnent des mers lointaines

en écho   des voix proviennent
d'un sentier agité

Elle et moi apercevons les femmes, avançant
step by step, l'une après l'autre,
elles marchent
gather   murmurent   Est-ce un chant qui nous parvient ?
près du puits retrouvé
elles se saluent et abreuvent leurs moutons

Nous attendons.   Nous voyons
la Dignité   la Douleur   le Courage   l 'Amour   et le Défi
inscrits
sur leurs visages
lucides, n'ayant pas oublié
les petites stèles   blanches

les corps ploient sous la tristesse apparente   *one with a limp*
une autre, très âgée, portée
tendrement
leurs propres noms intacts

They are us   Nous, debout, bien droites.   Vous êtes nous.
Nous sommes les unes les autres
We look at each other
Elles, nous, les yeux dans les yeux   *Seeing*
Nous nous reconnaissons   Nous nous saluons

Une jeune femme hisse le seau hors du puits
remplit la tasse, l'offre à l'une, puis à une autre, ainsi de suite
l'une après l'autre
Nous buvons   l'eau
chaque fois, des mains, vivantes, tendent la tasse d'eau fraîche
avec le toucher prudent de l'espoir

14

Nous fredonnons   de concert

Prudemment, le corps raide,
la plus âgée d'entre nous s'installe sur la terre poussiéreuse.

Yes, dit-elle, *I am you*. Je suis vous. *I am not from here*,
je ne suis pas d'ici.

Parlez-nous alors ! s'exclame ma compagne, desserrant l'écharpe de soie
nouée sur son ventre.

Parlez-nous de chez vous
de la ville
du village
d'autres vies
de l'amour et du courage
de la criaillerie des oies, du bêlement des moutons
ou de leur silence sur la colline
de l'art ?
des hommes !

Parlez-nous de vos parages !

C'est un lieu où amerrissent les goélands, reprend la femme âgée, où ils se posent
sur la houle de la marée montante

un monde d'ouragans ou de ciels splendides
se déployant sur des parois rocheuses, charbon profond,
faites de tourbe pétrie par le temps et de sédiments roses.
J'aimerais retourner là-bas,
mais je ne peux marcher si loin
et nos enfants n'y sont plus.

Ont-ils été enlevés ? demandons-nous.
Oui, ils l'ont été, acquiesce-t-elle.

Une voix plus jeune s'élève :
Je vais marcher pour vous.

15

I am you. I am us.
Je suis vous. Je suis nous
Je vais vous raconter mon histoire, ici.
It is here, but not here
C'est ici, mais ce n'est pas ici
     pas seulement ici. Vous allez comprendre.

Les fusils sont venus et ont tué nos maris au son de nos gémissements.

Des fusils sont venus, ont dérobé nos filles, sont repartis sur nos chevaux
et nous ont laissées pourrir
enfermées.

Je suis une enfant de ce village, dévastée comme lui.
Il n'est pas nous cet homme qui erre derrière la paroi.
Il n'est pas eux.
Mais vous, toutes les deux, vous le savez, vous avez fait route avec lui,
il a joué son rôle
et nous a libérées de cette prison, de ces murs,
toujours debout, comme nous.
Il est des nôtres maintenant.
Vous devez l'appeler, qu'il sorte des décombres.

Approche-toi du puits, nous te donnerons de l'eau. Prends cette tasse. Bois.

Une voix râpeuse consent, un homme se lève, se redresse.
Les femmes observent, silencieuses

La jeune fille poursuit :
Entre ces murs, notre humour était féroce, nous chantions à l'unisson, nous gardions espoir.
Nous redisions nos noms à voix haute, faible ou vibrante. Pour demeurer en vie.

Avant les fusils, nous avions accueilli des étrangers parmi nous, ici. Ce village de
montagne était un refuge.
La femme âgée, la fille du désert, l'homme honteux
Ils sont nous.
In These Times

En prison, je me suis souvenue
du temps où je gardais les moutons dans les pâtures
surplombant notre village, j'observais les lichens sur les chênes, l'écorce. Ils nous parlent de
l'air d'ici et des saisons de pluie.
Sur les rochers, ils se mêlent souvent à la mousse.

16

Qu'est-ce qui fait que la mousse est mousse ? Et le lichen, lichen ?
On dit que les caribous se nourrissent de lichens par les hivers de forte neige.
Je veux connaître le lichen de ces ailleurs. Existe-t-il toujours ?
Existe-t-il un lichen du désert ?

ELLE et moi l'avons écoutée. La jeune fille du village s'est tournée vers nous.
Vous êtes étrangères, soyez les bienvenues.
Heureuse, confiante, ma compagne enroule l'écharpe de soie verte autour de ses épaules.
La fraîcheur du soir tombe doucement.

Une voix affligée retentit
Moi aussi je suis nous. *I am us.*
Je ne suis pas d'ici.

Mon histoire prend sa source au désert
là où la mue du serpent à sonnette nous émeut
si transparente
là où j'ai appris à reconnaître la forme des antiques fonds marins
le mystère des rochers desséchés
la protection de la *barranca* voisine
les graines centenaires dans les niches
la falaise suintant ce vernis désertique bleuté
et l'apaisement prudent de la soif.

Nous avions nos vergers dans le désert   pruniers et pêchers en fleurs
grâce à un élagage délicat

sous nos doigts
à cause de la faim
mais les soldats les ont brûlés et arrachés

puis il y a eu les inondations

17

Elles se sont remises en marche, côte à côte, les femmes
they walked
leurs pas invisibles   sous l'eau
redessinent le sable

women   femmes   qui aiment   pensent   luttent
amies   compagnes.
Parentes
qui souffrent   *who grieve*
qui réclament la paix
toujours vigilantes
who walk
marchent sans relâche
women who see
femmes qui voient
qui voient
who see
qui chassent et glanent
la nourriture
who take back their heart
qui retrouvent cœur   et courage
qui chantent !

un homme parmi elles maintenant, parle :

Oui, nous avions des chevaux ici dans le village. Tous n'ont pas disparu, révèle-t-il.
Certains se sont sauvés.

Il se tourne vers la femme âgée : Je vais trouver un cheval et vous ramener à la maison.

Un cheval, un homme, une jeune fille marchent. Sans relâche.
Emplie de joie, décidée, j'avance à grands pas à leurs côtés.

Cher cœur, tapi derrière ma poitrine blessée, je cueille ta force
au fil du chemin, je porte ta beauté.

Tout est visible dans la lumière de l'obscurité. La femme âgée élève la voix, elle rêve et oscille
au rythme de sa monture, s'émerveille en voyant des goélands se poser sur la houle. Comment
peuvent-ils flotter si aisément ? Sans frayeur, sur la masse puissante de la marée montante !

Nous marchons *steady*. C'est la même douleur. La même faim, lestée de beauté.
Cette fois, encore.   *For These Times*

Endnotes

1   *Arroyo*: hispanisme utilisé en anglais désignant soit un ruisseau asséché ou son lit qui se remplit et s'écoule de façon temporaire ou saisonnière, après une averse suffisante. Ces acceptions rejoignent celles retenues dans le Sud-Ouest des États-Unis.

2   *Barranca* ou *mesa*: hispanisme utilisé en anglais désignant un petit plateau ou une grande butte à sommet plat et aux versants abrupts. La mesa est un relief tabulaire caractéristique des paysages arides, en particulier dans le Sud-Ouest des États-Unis.

Acknowledgments

The author gratefully acknowledges that excerpts from *Steady. Against the Absurd. Kinship at the Core* have previously appeared in the following recordings and review:

June 2023; Recording of *IV Festival La Mujer En Las Letras. Femmes Québécoises Et Latino-Américaines Dans Les Lettres.* Cercle Gabriel-Garcia-Marquez and The International Network of Dance, and Art Institutions.

March 2023; Poetry Mesa and Wild Rising Press' celebratory recording for the Winner and Finalists of the *Poetry Mesa Chapbook Contest.*

Mitra. Revue d'art et de littérature. Art and Litterature Magazine. Volume 4, Fall 2020.

Heartfelt gratitude also is due to Ian Ferrier of *Casa del Popolo* (Montreal) and Laetitia Beaumel of *Le Mois de la poésie (*Quebec) for early live readings of excerpts.

The lines, «*Une lumière plus forte que la cécité […] rend la violence plus légère, pour que je puisse la porter vers un espoir, vers une voie soutenue par leurs démarches, leur courage au quotidien […] leur partage de la folie du monde dans leur pays.*» Are from Sorj Chalandon's novel, *Le Quatrième Mur.* Editions Grasset. August 2013.
English Translation by Rae Marie Taylor.

By Way of Thanks

First and foremost, my gratitude goes to Judyth Hill of Wild Rising Press and Sylvie Nicolas, Quebec poet, editor and translator for their dedicated editing and proofreading, respectively. Their understanding of my purpose and voice has been exceedingly valuable and added joy to the tasks. Equal thanks to Mary Meade, designer, for her fine eye for the cover and layout along with her commitment to making a beautiful book.

My translators, Héléne Lépine and Jean-Pierre Pelletier, receive my deepest appreciation for their respect of the work and their generous hours spent in creating the fine translation.

My sisters Annie Del Monte and Mary Hassouna have offered me their unfailing support, listening to drafts, feeding me comfort food, or heartening my assailed heart with delightful humor and down-to-earth knowledge of women's lives in North America and in the Middle East.

Heartfelt appreciation goes as well to my extended family and long-time friends and public in my Quebec and American Southwest communities. Without your kind support and enthusiasm I would never have found the strength to face our world's violence and dream this poem into being.

Lastly, but far from the least, deep gratitude and recognition go to the mountains and deserts of my homeland whose spirit sustains me and continues to teach me the significance of relationship with lands, rivers, and their peoples.

Remerciements

L'auteure est reconnaissante aux éditeurs des enregistrements et revues suivants pour la publication des premiers extraits de *Steady. Against the Absurd. Kinship at the Core:*

Juin 2023. *IV Festival La Mujer En Las Letras. Femmes québécoises et Latino-américaines dans les lettres.* Cercle Gabriel-Garcia-Marquez en collaboration avec l'International Network of Dance and Art Institutions.

Mars 2023. Poetry Mesa et Wild Rising Press. Présentation par Zoom de la gagnante et des finalistes du concours *Poetry Mesa Chapbook Contest.*

Mitra. Revue d'art et de littérature. Art and Litterature Magazine. Volume 4, automne 2020.

Vive gratitude aussi à Ian Ferrier de Casa del Popolo (Montréal) et Laetitia Beaumel, Mois de la poésie (Québec) pour avoir accueilli les premières lectures live des extraits

Les lignes: « Une lumière plus forte que la cécité […] rend la violence plus légère, pour que je puisse la porter vers un espoir, vers une voie soutenue par leurs démarches, leur courage au quotidien […] leur partage de la folie du monde dans leur pays.» sont tirés du roman *Le Quatrième mur* de Sort Chalandon. Editions Grassset. août 2013.

Traduction en anglais par Rae Marie Taylor.

Gratitude particulière à Monsieur Chalandon pour ce livre bouleversant qui a marqué ma démarche.

J'offre

Remerciements et reconnaissance à ma talentueuse éditrice, Judyth Hill, pour son respect et sa capacité à saisir le sens et les rythmes précis de ma poésie, ainsi que pour la joie qui a accompagné le travail. Ma profonde appréciation va aussi à Sylvie Nicolas pour son oeil de lynx lors des relectures en français, et une pareille joie dans le partage de nos deux langues. Vive appréciation à Mary Meade, designer, qui s'est engagée à créer un beau livre avec une attention tenace et raffinée.

Mes plus sincères remerciements également à Hélène Lépine et Jean-Pierre Pelletier pour leur respect de ma poésie et leur générosité en menant à terme cette belle traduction.

Tout au long du travail, mes soeurs, Anne Del Monte et Mary Hassouna, m'ont offert leur appui infatigable par leur écoute et leur sens de l'humour, ainsi que leur conscience terre à terre quant à la complexité de la vie des femmes en Amérique et au Moyen Orient.

Mes remerciements de tout coeur vont aussi à ma famille élargie et aux amis qui font partie des communautés au Nord et au Sud de ma vie. Sans votre appui et votre enthousiasme, je n'aurais pas trouvé la force de réfléchir à la violence dans notre monde et à donner naissance à ce poème.

Enfin, ma profonde gratitude aux montagnes et déserts de mon terroir d'origine dont l'esprit me soutient et m'apprend toujours l'importance du vrai rapport avec la terre, ses eaux et ses peuples.

The Author

Bridging borders, poet and visual artist Rae Marie Taylor lives, writes, and performs in the province of Quebec while staying active in her literary community in the American Southwest. A former language and literature teacher at Montreal's Dawson College, Concordia University's Simone de Beauvoir Institute, and Quebec's CEGEP Limoilou, she holds a master's degree with honours from *L'Université Aix-Marseille, France.*

Concerned with the earth and the spiritual health of our contemporary lives, Taylor has authored and produced seven bilingual Spoken Word shows, most recently Songs of Solidarity/ *Chants d'amitié en mouvance* with Montreal musicians Pierre Tanguay and Diane Labrosse. In print, her writing appears in both English and French journals such as *Montréal Serai,* Vallum, KOLA, and the online reviews *Mitra* and *Françoise Stéréo.*

Taylor's voice reaches even further through Zoom with New Mexico's Fixed & Free publications and San Miguel de Allende PEN Literary celebrations.

Published in Québec but concerned with her homeland, her book of essays, *The Land: Our Gift and Wild Hope,* was a finalist for the New Mexico-Arizona Book Awards.

In 2023, her poetry suite, *Steady. Against the Absurd. Kinship at the Core* was a Poetry Mesa Chapbook Contest finalist.

L'auteure

Native du Colorado, résidente du Québec, poète et artiste visuelle, Rae Marie Taylor écrit, et monte sur scène pour créer des ponts entre le Nord et le Sud de sa vie. Le souci de la santé de la terre, ainsi que la santé spirituelle de nos vies contemporaines, imprègne ses oeuvres.

Auteure du CD, *Black Grace,* Taylor a écrit et produit sept spectacles Spoken Word, dont ceux avec le musicien-compositeur David Gossage, *Chant du Nord, regard du Sud* à l'Espace Félix-Leclerc, Quebec, et *An Earthy Hour, a Human Time* à la Loretto Chapel à Santa Fe, Nouveau mexique.

The Land : Our Gift and Wild Hope, un recueil d'essais, publié au Québec, a été finaliste pour New Mexico-Arizona Book Awards. En 2023 sa suite poétique, *Steady. Against the Absurd. Kinship at the Core* est finaliste pour le concours Poetry Mesa Chapbook Contest.

Ses écrits paraissent dans diverses revues et anthologies, telles que *La Revue Possibles, Les Écrits #146* et *Femmes rapaillées*. Grâce à Zoom', sa voix rejoint celles des collègues internationaux de *Fixed* and *Free Quarterly,* et les célébrations littéraires de San Miguel de Allende PEN.

Rae Marie Taylor a également fait carrière au Québec comme professeur de langue et de littérature aux CEGEPS Dawson et Limoilou, et à l'institut Simone de Beauvoir de l'Université de Concordia. Elle détient une maîtrise avec mention de l'Université Aix-Marseille, France.

website: thelandwildhope.com
youtube channel: @raemarietaylor5408

By the Same Author

Works In Print:

Essay: *The Land: Our Gift and Wild Hope.*

Poetry and prose: Chapbook, *Shores/Rives et Berges, lieux de tendresse.* Bilingual: English and French.

Spoken Word CD, with chapbook: *Black Grace.* Voice, poetry and drawings, Rae Marie Taylor. Bilingual. Music, David Gossage.

On Stage, Poetry and Prose:

Solo

Songs of Solidarity/Chants d'amitié en mouvance. Bilingual. Musicians, Pierre Tanguay and Diane Labrosse. Espace Galerie E.K. Voland, Complexe du Canal Lachine. Montreal, QC.

Chants d'amitiés en mouvance, Québec. Bilingual. Jazz improvisation, Michel and Pierre Côté. Le Fou-Bar. Quebec, QC.

Chant du Nord, regard du Sud. French only. Musician David Gossage, male voice, Keith Boeckner. l'Espace Félix Leclerc, l'Île d'Orléans, QC.

An Earthly Hour, A Human Time. English, French, Spanish. Musicians, David Gossage and Carl Bernstein. The Loretto Chapel, Santa Fe, New Mexico.

Pour Québec avec amour. Bilingual. Composer-musician David Gossage. Morrin College, in The Library of the Literary and Historical Society of Quebec. QC.

In Collaboration

Phare-Ouest. Poetry. with poet Jean Désy. English, French, Spanish, Innu. Music, Frédéric Dufour. Images, Isabelle Duval. Studio P for Le Mois de la Poésie. Quebec, QC.

Natishkuataw, Désert et forêts, Common Grounds. with Dolorès Contré-Migwans. Music, David Gossage and Dolorès Contré-Migwans. La Maison des cultures amérindiennes, Mont St. Hilaire, QC.

De la même auteure

Livres:

Essai. *The Land: Our Gift and Wild Hope.*

Poésie et prose: *Shores/Rives* et Berges, lieux de tendresse. Bilingue: anglais, français.

Spoken Word CD avec recueil: *Black Grace.* Voix, poésie et dessins, Rae Marie Taylor. Bilingue. Musique, David Gossage.

Spectacles sur scène, poésie et prose:

Solo

Songs of Solidarity/Chants d'amitié en mouvance. Bilingue. Musiciens: Pierre Tanguay et Diane Labrosse. Espace Galerie E.K. Voland, Complexe du Canal Lachine. Montréal, QC.

Chants d'amitiés en mouvance, Québec. Bilingue. Musiciens: Michel et Pierre Côté. Le Fou-Bar. Québec, QC.

Chant du Nord, regard du Sud. En français seulement. Musicien, David Gossage, voix d'homme, Keith Boeckner. l'Espace Félix Leclerc, l'Île d'Orléans, QC.

An Earthly Hour, A Human Time. Anglais, français, espagnol. Musiciens: David Gossage et Carl Bernstein. The Loretto Chapel, Santa Fe, New Mexico.

Pour Québec avec amour. Bilingue. Musicien, David Gossage. Morrin College, The Library of The Literary and Historical Society of Quebec. QC.

En collaboration

Phare-Ouest. Poésie. Avec le poète Jean Désy. Français, espagnol, anglais, Innu. Musique, Frédéric Dufour. Images, Isabelle Duval pour Le Mois de la Poésie. Québec, QC.

Natishkuataw, Désert et forêts, Common Grounds. Avec l'artiste Dolorès Contré-Migwans. Musique, David Gossage et Dolorès Contré-Migwans. La Maison des cultures amérindiennes, Mont St. Hilaire, QC.

The Translators

Novelist and poet Hélène Lépine's U*n léger désir de rouge* was a finalist for the *Prix France-Québec* 2013. Her translation of Katherena Vermette's book of poetry, *North End Love Songs,* was published by Mémoire d'encrier in 2017. Her latest poetry collection, *Le cœur en joue,* won the *Prix René-Leynaud* in 2022.

Montreal poet and literary translator, Jean-Pierre Pelletier, has been collaborating for over thirty years with magazines and anthologies from Quebec and elsewhere. His most recent poetry collection, *Le crâne ivre d'oiseaux, (Les Écrits des Forges),* appeared in 2016. Three translations, two from English and one from Spanish, will be released in 2024.

Les traducteurs

Avec *Un léger désir de rouge,* la romancière et poète Hélène Lépine a été finaliste du Prix France-Québec 2013. Sa traduction du recueil de poésie *North End Love Songs* de Katherena Vermette a paru chez Mémoire d'encrier en 2017. Son propre recueil, *Le cœur en joue,* a mérité le Prix René-Leynaud 2022.

Poète montréalais et traducteur littéraire, Jean-Pierre Pelletier collabore depuis plus d'une trentaine d'années à des revues, des anthologies du Québec et d'ailleurs. Il est l'auteur de neuf livres, dont quatre sont des traductions et cinq de son cru. Son dernier recueil, *Le crâne ivre d'oiseaux* (Les Écrits des Forges), a vu le jour en 2016. Trois traductions, deux de l'anglais, l'autre de l'espagnol, paraîtront en 2024.

The body text is set in Adobe Garamond Pro, a modern revival of an ancient typeface rooted in the legacy of the renowned French punchcutter and type designer Claude Garamond. Garamond's 1530 invention of a unique style of serif letters to use with printing presses, while still retaining the look and tone of calligraphy, allows us to feel the hand of the poet, supported by over five hundred years of commitment to collaboration and artistry in every character.

Equally renowned type designer Robert Slimbach reimagined the graceful beauty and balance of the original Garamond, creating a synthesis of centuries-old French elegance and modern digital capabilities into the font chosen for this grace, grief, and beauty-filled poem. It is presented herein in both lyrical English and melodic French versions, each sinuously intertwined with the language of the other.

Parsed into numbered scenes, the numbers are set in Goudy Old Style, designed by W. Frederic Goudy, famous for his "great love" for and desire for beauty in letterforms. This typeface, whose well-composed curves complement the noble intentions of the poem, announces each scene with a sense of gravity and significance, inviting readers to engage with each section as part of a larger tapestry.

The poet's tender, impassioned *cri de coeur* for an end to violence, care for the land, and longing for deep and true kinship across culture and species is echoed, mirrored, enhanced, and expressed in every element of this exquisite and essential volume, weaving voices, languages, and music into deep kinship through time and across cultures.

www.ingramcontent.com/pod-product-compliance
Lightning Source LLC
Chambersburg PA
CBHW052117020426
42335CB00021B/2800